AF326253

A L'ABBÉ DE L'ÉPÉE

LES
SOURDS-MUETS.

DACTYLOLOGIE

A L'USAGE

DE CEUX QUI DÉSIRENT PARLER AVEC LES MAINS

ET ENTENDRE PAR LES YEUX.

Le pauvre sourd-muet, ô parlant, est ton frère.

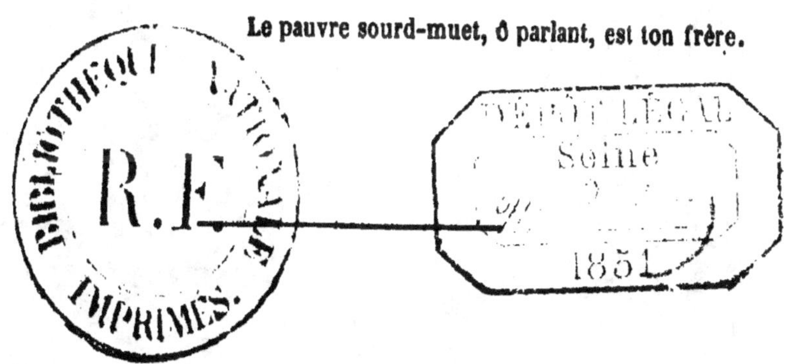

PARIS

RUE SAINT-JACQUES, 256.

1851

CHARLES-MICHEL DE L'ÉPÉE,

PREMIER INSTITUTEUR DES SOURDS-MUETS,

Né à Versailles, le 24 novembre 1712.

ALPHABET MANUEL.

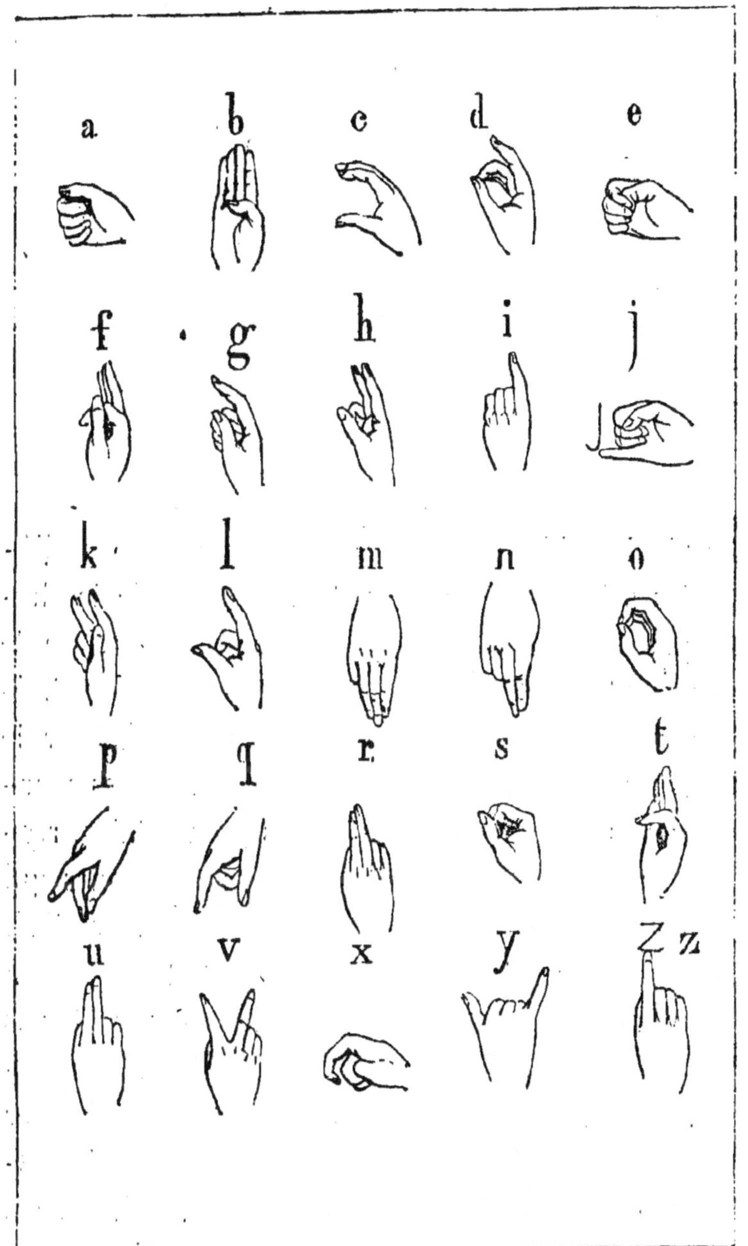

La véritable manière d'apprendre en une heure à converser avec les sourds-muets de tous les pays civilisés ; et, quand on en aura acquis l'habitude, on pourra parler aussi promptement que la parole même.

EXTRAIT DE LA NOTICE BIOGRAPHIQUE

DE

L'ABBÉ DE L'ÉPÉE

Lue le jour de l'inauguration,

LE 3 SEPTEMBRE 1843.

La vie de l'abbé DE L'ÉPÉE se fût passée entre l'étude des sciences religieuses et la pratique de la charité, quand s'ouvrit pour lui une nouvelle carrière de dévouement. Le Père Vanin, prêtre de la Doctrine chrétienne, venait de mourir après avoir entrepris, par le moyen des estampes, l'éducation de deux jeunes sourdes-muettes. Le sort de ces pauvres jeunes filles, restées sans protecteur, toucha quelques personnes qui les recommandèrent à l'abbé DE L'ÉPÉE. Celui-ci, « croyant que ces deux enfants vivraient et mourraient « dans l'ignorance de la religion s'il n'essayait pas « quelques moyens de la leur apprendre », se mit à l'œuvre. Aux efforts constants qu'il fit pour éclairer ces deux infortunées, est due la découverte qui illustre l'abbé DE L'ÉPÉE. Les succès qu'il obtint dans cette éducation excitèrent son zèle ; il continua avec persévérance sa louable entreprise sur d'autres sourds-muets, depuis 1753 jusqu'à sa mort.

UTILITÉ DE LA DACTYLOLOGIE.

L'usage seul peut démontrer l'utilité de cet alphabet manuel.

Servez-vous-en :

Lorsque, vous trouvant en société, vous désirerez ne pas parler à l'oreille ou interrompre en causant avec votre voisin ;

Lorsqu'étant au milieu de certains bruits, vous ne pourrez, malgré vos efforts, les dominer ;

Lorsque votre médecin vous aura interdit l'usage de la parole ou que votre voix sera devenue trop faible ;

Lorsqu'ayant appris une langue, vous ne pourrez, à cause de sa prononciation, vous faire comprendre.

CE QUE C'EST QUE LA DACTYLOLOGIE.

Les alphabets d'une ou deux mains doivent ordinairement s'apprendre en moins d'une heure. A l'aide de l'un ou de l'autre de ces deux alphabets manuels, on peut dicter à un Élève (entendant et parlant, ou sourd et muet, il n'importe) un chapitre entier de la Bible dans une langue qu'il n'entend pas, et qu'il n'entendra jamais, parce que jamais il ne lui plaira de l'apprendre.

Tout alphabet manuel n'est autre chose qu'une écriture de convention, qui annonce à celui aux yeux duquel on présente tel ou tel mouvement des mains ou des doigts, que c'est un *a*, ou un *b*, ou un *c*, ou un *d*, etc., qu'il doit écrire, comme il ferait en copiant lettre à lettre un papier écrit ou un livre imprimé qu'il n'entendrait pas. C'est une écriture en l'air, qui indique celle qu'on doit mettre avec le crayon ou la plume, sur la table, ou sur le papier. Ce moyen, considéré en lui-même, ne présente aucune idée, absolument aucune.

A L'ABBÉ DE L'ÉPÉE,

DITHYRAMBE

PAR M. P. PÉLISSIER,
sourd-muet.

D'où me viennent, ô ciel ! ce transport, ce délire ?
   Oh ! d'où vient que mon faible cœur
Brûle de célébrer aux accords de sa lyre
   Et son ivresse et son bonheur ?...
Ceignez-moi de lauriers. Ecoutez en silence
Les accords de ma muse... Elle va m'inonder
   De chants d'amour et de reconnaissance...
Cieux et terre, silence ! Elle va préluder...

Lorsque le froid hiver règne sur nos campagnes,
   Quand, roi couronné de glaçons,
Il fait peser son sceptre au sommet des montagnes
   Et dans l'abîme des vallons ;

Quand, sans feuilles, sans fruits, sans fleurs et sans verdure,
    Honteuse de sa nudité ,
La terre se revêt de sa blanche parure .
      Parure de sa pauvreté ,
      Dans sa prison hospitalière ,
      Hôte et captif en même temps ,
Le papillon craintif de son aile légère
      N'ose plus braver les autans;
Et le jeune arbrisseau de sa sève féconde
Arrête les efforts ; car ses bourgeons trop verts
Iraient s'ensevelir dans ce trépas du monde ,
Comme le nautonier dans le gouffre des mers.
Mais lorsque, dépouillant son suaire de glace ,
      Lorsque, sortant de son tombeau ,
La nature se lève et se drape avec grâce
      Dans les plis de son vert manteau ,
Qu'elle met sur son front sa couronne odorante
      Où brille un rayon du soleil ,
      Des fleurs au calice vermeil ,
Le papillon léger, autre fleur ondoyante ,
      Vient caresser les doux trésors ;
Et l'arbuste dans l'air étale son feuillage
      D'où s'échappe un tendre ramage ,
      Reflet de célestes accords.

Ainsi le sourd-muet, oublié sur la terre ,
Aux refrains inconnus de son luth solitaire
      Cherchait des échos ici-bas ;
Nul bruit ne répondait au bruit sourd de son âme ;
Il voyait à regret mourir en lui sa flamme
      Comme la fleur sous les frimas.
Mais, ô prodige heureux ! un hymne d'allégresse
S'échappe de ce luth au repos condamné ;
      Une indicible ivresse
Fait tressaillir son cœur de chagrin consumé.
      Ange de la reconnaissance ,
      Oui, c'est toi que mon cœur entend ;

C'est ton amour, ton innocence
Qui remplit mon cœur palpitant.
Aide mon luth faible et timide
A célébrer le divin guide
Qui dit aux doigts : Vous parlerez ;
    Aux yeux : Vous entendrez ;
Au pauvre sourd-muet, le parlant est ton frère ;
Ni pour toi, ni pour lui, le Ciel n'a de mystère :
Il réserve à tous deux un éternel bonheur...

. . . .

. . . .

Toi que je puis nommer mon second créateur,
    O tendre de L'Epée !
Ta main nous recueillit sur la rive escarpée
Où nul soleil ami ne brillait à nos yeux ;
Nul rayon de ses feux ne réchauffait nos âmes ;
    Notre intelligence sans flammes
Comprenait avec peine et la terre et les cieux !
Tu fus notre soleil ; à tes rayons sublimes,
La glace se fondit dans nos cœurs, et dès lors,
Arbrisseaux fécondés, nous eûmes nos trésors,
A nos branches des fruits, et des fleurs à nos cimes !
Que serions-nous sans toi, sourds-muets malheureux,
Seuls exilés du monde ?... Oh ! l'exil est affreux !
Notre vie eût été comme un désert aride
Où nous aurions erré sans amis et sans guide ;
Notre monde inconnu, comme un gouffre béant
Plus hideux que la mort, plus noir que le néant !
Ta main nous recueillit dans ce désert immense,
Au milieu de ce monde où nous étions perdus ;
Ta voix nous enseigna ce doux mot : *Espérance !*
Et tu nous appelas tes enfants, tes élus....
    Rival de saint Vincent de Paule,
    Apôtre de l'humanité,
    Séraphin de la charité,
Je vois luire à ton front la brillante auréole
    Et le laurier de l'immortalité.

Au sein de la céleste gloire ,
De tes vertus reçois le prix !
De tes bienfaits toujours , toujours les fils
Conserveront dans leur cœur la mémoire.
Oh ! que ne puis-je à tes genoux
Déposer cet éclair d'un innocent caprice
Et te prier , par les noms les plus doux ,
D'accepter ce tribut d'une muse novice !
Si mon luth , célébrant plus tard les immortels ,
Recueillait les lauriers réservés au génie,
Dans le cœur de tes fils, enivrés d'harmonie ,
Je voudrais chaque jour te dresser des autels.

A LA MÉMOIRE IMMORTELLE DE L'ABBÉ DE L'ÉPÉE.

Le président, après avoir *mimé* ce discours, qui a constamment captivé l'attention générale, et dont plus d'un passage a excité au plus haut point l'enthousiasme de l'assemblée, passe son manuscrit à M. Laurent de Jussieu, avec prière de le lire aux convives parlants. L'honorable député s'acquitte de cette tâche avec une bienveillance toute gracieuse. Dès lors les orateurs vont se succéder.

M. Lenoir, professeur sourd-muet, se lève pour répondre à son collègue et ami, M. Ferd. Berthier, par un éloge des plus flatteurs et des mieux mérités. Il reçoit, en terminant, les félicitations les plus empressées de tout l'auditoire, dont il a su captiver l'attention et les yeux.

LA MÈRE DU SOURD-MUET.

Sans lui (le Verbe), toujours captifs dans un instinct brutal,
Nous serions engourdis dans la nuit éternelle.
Comme un germe dans l'œuf que n'a pas couvé l'aile,
Un cristal que le jour ne vient jamais toucher,
Et qui ne réfléchit que l'ombre du rocher.

La Parole humaine. — J. REBOUL, de Nîmes.

On me disait : « Bientôt, heureuse mère,
« Sa douce voix répétera ton nom.
« Si près de toi vient s'asseoir l'étrangère,
« De sa parole elle entendra le son.
« Et quand l'époux, revenant des batailles,
« De son amour enfin verra le prix,
« Sur ses genoux, l'enfant de tes entrailles
« Lui redira : Soldat, je suis ton fils. »

Mais, ô douleur ! à sa lèvre débile
En vain ma lèvre enseignait ses accents ;
D'un mot jamais, dans son œil immobile,
Mes tristes yeux ne retrouvaient le sens.
Jamais sa voix, pour augmenter sa grâce,
Ne répondit à mes hôtes ravis ;
Et, quand l'époux le prit sur sa cuirasse,
Il ne dit pas : Soldat, je suis ton fils.

Abandonné par un guide infidèle,
Vers sa famille, un soir, il ne vint pas.
Sa mère en vain supplia qu'auprès d'elle,
Pour l'embrasser, on conduisît ses pas.
Captive, hélas ! en sa fatale chaîne
Comment sa langue aux passants attendris
Eût-elle dit : A la ville prochaine
Ma mère en pleurs redemande son fils ?

Il errait seul, si faible ! et ma tendresse
N'était pas là pour deviner sa faim.

Aucune main, comprenant sa détresse,
De chaque jour ne lui donnait le pain.
L'oiseau du ciel demande sa pâture.
Ton doigt, Seigneur, guide ceux que tu fis.
Tu mis tout l'être en toute créature ;
Seul, incomplet, tu délaisses mon fils !

Temple sans Dieu, soleil sans auréole,
En vain des corps tu le fis le plus beau ;
De sa raison ton avare parole
N'alluma pas l'inutile flambeau ;
Du bien au mal ignorant la distance,
La main sanglante, un jour, il fut surpris :
J'entendis lire une horrible sentence,
Et l'on me dit : Hélas ! c'est votre fils.

Mais quelle voix, l'arrachant au supplice,
Prend en pitié les maux que j'ai soufferts ?
« Si Dieu ne peut du crime être complice,
« Pourquoi, dit-elle, apprêtez-vous ces fers ?
« Qui de l'archer voudrait punir la flèche ?
« Oh ! livrez-moi ces jours trop tôt flétris.
« Comme au printemps fleurit la tige sèche,
« A la vertu je ferai naître un fils. »

Du Créateur sublime auxiliaire,
Grand de L'Épée, accepte notre encens.
Rival de Dieu, ta gloire singulière
A pour autels nos cœurs reconnaissants.
Dans l'œil tu mis tous les dons de l'oreille ;
Aux mains, la voix ; dans les corps, des esprits ;
Peuple d'amis créé par ta merveille,
Les sourds-muets se proclament tes fils.

Le président, au milieu d'un long murmure d'approbation, prévient l'assemblée que la Société centrale va publier les comptes-rendus des banquets de 1834 à 1841, si impatiemment attendus.

L'ABBÉ DE L'ÉPÉE.

La reconnaissance est la mémoire du cœur.
MASSIEU.

Toi que je dois nommer mon second créateur,
Homme par ta nature, immortel par ton cœur,
Ange de bienfaisance, ô tendre de L'Épée,
Ta voix nous rappela de la rive escarpée
Où nul soleil ami ne brillait à nos yeux ;
Nul rayon de ses feux n'échauffait notre enfance,
    Car notre pauvre intelligence
Comprenait avec peine et la terre et les cieux.
Tu fus notre soleil ; ton cœur, rayon sublime,
Fit fondre autour de nous les glaces, et, dès lors,
Arbrisseaux fécondés, nous eûmes nos trésors,
A nos branches des fruits, des fleurs à notre cime.
Sans toi, pauvres muets, nous serions malheureux,
Seuls, exilés du monde... et l'exil est affreux !
Notre vie eût été comme un désert aride
Où nous aurions erré sans amis et sans guide...
O déplorable sort, triste délaissement,
Plus hideux que la mort, plus noir que le néant !...
Mais ta main nous a pris dans ce désert immense,
Au milieu de ce monde où nous étions perdus ;
Ta voix a prononcé ce doux mot : *espérance !*
Tu nous as décorés du nom de tes élus ;
Tu t'es fait notre ami ; notre destin prospère ;
Tu nous as dit : *Enfants, je serai votre père.*

Le banquet a été couronné par le toast suivant, porté à la presse par M. Ferdinand Berthier, au milieu d'un tonnerre d'applaudissements :

A LA PRESSE ! C'est bien d'elle qu'on peut dire : elle a fait des miracles. Elle a donné des accents aux peuples si longtemps *muets*. Elle a fait plus : elle a forcé les grands, si longtemps *sourds* à cette voix puissante, de leur prêter enfin une oreille attentive. A LA PRESSE ! Autant et plus que nos concitoyens, nous nous plaçons sous son égide. C'est à elle que nous en appellerions si quelques sots tentaient encore de nous ravaler, et de nier qu'une intelligence égale nous donne des droits égaux dans la grande famille humaine. *A la presse donc, les sourds-muets reconnaissants !*

Par M. Peyson, sourd-muet, peintre d'histoire :

Reconnaissance éternelle à Bébian, à cet homme de bien que l'ingratitude a laissé mourir dans une île lointaine de l'Atlantique; à l'ami que nous pleurons, au disciple le plus distingué de l'abbé de L'Épée, qui a tout sacrifié, fortune, repos, espérances, à la réhabilitation des sourds-muets ; qui a eu la gloire de porter l'enseignement à un degré auquel personne ne l'a porté depuis lui ! Les preuves vivantes des résultats de ses procédés savants nous environnent ici. Promenons nos regards autour de nous, et citons avec orgueil ses dignes élèves, les Berthier, les Lenoir, les Forestier, etc., etc., etc.

Par M. Badolle de Roanne, sourd-muet, l'un des commissaires du banquet :

A l'Abbé Sicard, qui mérite aussi notre reconnaissance pour les nombreux services que son éloquence ingénieuse a rendus aux sourds-muets, pour les dangers, la mort même qu'il a bravés afin de perpétuer l'héritage de bienfaisance de son prédécesseur, l'abbé de L'Epée! Tant de titres ne sont-ils pas une recommandation pour sa mémoire? Est-ce que nous laisserions tomber en ruine, d'un œil d'indifférence, son tombeau, au Père-La-Chaise? Non, mille et mille fois non! Dieu nous en garde! Ce serait ingratitude de notre part : ce serait honte, honte éternelle pour la France, cette terre classique des sentiments généreux et reconnaissants. Espérons que son tour viendra aussi! espérons qu'il n'est pas éloigné le jour où une réparation solennelle acquittera la dette des sourds-muets envers un de leurs plus respectables missionnaires !

Par M. Jonh Mac-Carlin, sourd-muet des Etats-Unis :

A Eugène de Monglave ! — *l'amico degli muti !*

Quoique parlant, il est sourd-muet par son âme et son cœur, par son cœur et son âme !

« May he live a hundrel years! »

Cette fête, à jamais mémorable, a été couronnée par la lecture qu'a faite M. Ferd. Berthier d'une strophe aux sourds-muets, composée d'inspiration par M. Alfred de Vigny, à l'issue des exercices de l'Institution royale:

AUX SOURDS-MUETS.

Enfants, ne maudissez ni Dieu ni votre mère !
Vous êtes plus heureux que Milton et qu'Homère.
Vous voyez la nature et pouvez y rêver
Sans craindre que jamais la parole vulgaire
Ose, par votre oreille, à votre âme arriver.
Le silence éternel est votre tabernacle,
Et votre esprit n'en sort que selon son désir.
Il ouvre, quand il veut, et ferme le spectacle.
Dans le livre ou la vie, il choisit son oracle,
Et de toute beauté ne prend que l'élixir.

Le 9 août 1839.

Par M. Lenoir, professeur sourd-muet de l'institution royale :

A la régénération intellectuelle des sourds-muets répandus sur toute la surface du globe ; à leur union, à leur confraternité : sourds-muets de toutes les nations, formons une sainte alliance et donnons-nous la main !

Par M. Mosca, peintre, sourd-muet :

Mes chers frères, je suis Italien et élève de Turin. J'ai accepté avec empressement l'invitation que vous m'avez faite d'assister au premier banquet célébré à l'occasion de l'anniversaire de l'abbé de L'Épée, notre bienfaiteur à tous. Ce nom illustre est si cher aux sourds-muets de toutes les nations ! Permettez que je sois auprès de vous l'interprète des sentiments de mes frères italiens, auxquels, à mon retour dans mon beau pays, je proposerai de suivre l'exemple que les sourds-muets français ont donné les premiers.

Vivent les sourds-muets français !

Par M. Peyson, sourd-muet, peintre d'histoire, élève de MM. Hersent et Léon Cogniet, l'un des candidats au grand prix de Rome de cette année :

Puissions-nous honorer un jour les arts, comme nous honorons déjà les lettres et les sciences !

Aux beaux-arts !

Par M. Forestier, d'Aix-les-Bains, répétiteur sourd-muet de l'Institut royale :

Aux amis des sourds-muets !

Un heureux épisode est venu rehausser l'éclat de la fête. La Société libre des Beaux-Arts, qui fêtait, dans un salon voisin, M. Daguerre et son tableau de l'église de Saint-Étienne-du-Mont, M. Daguerre, qui devait plus tard découvrir l'immortel secret de fixer les images de la chambre obscure, a demandé à se mêler un instant à la réunion des Sourds-Muets. Cette proposition a été accueillie avec enthousiasme, et les deux familles n'en ont bientôt fait qu'une. L'infirmité des uns disparaissait devant les prévenances des autres. Il n'y avait plus là qu'un peuple d'hommes intelligents, maniant le crayon, les pinceaux, les doigts, ou la parole.

———

Imprimerie de HENNUYER et Cᵉ, rue Lemercier, 24, Batignolles.